Jeanne Mugel

Mes étoiles brisées

Jeanne Mugel

Mes étoiles brisées

Éditions Muse

Imprint
Any brand names and product names mentioned in this book are subject to trademark, brand or patent protection and are trademarks or registered trademarks of their respective holders. The use of brand names, product names, common names, trade names, product descriptions etc. even without a particular marking in this work is in no way to be construed to mean that such names may be regarded as unrestricted in respect of trademark and brand protection legislation and could thus be used by anyone.

Cover image: www.ingimage.com

Publisher:
Éditions Muse
is a trademark of
Dodo Books Indian Ocean Ltd. and OmniScriptum S.R.L publishing group

120 High Road, East Finchley, London, N2 9ED, United Kingdom
Str. Armeneasca 28/1, office 1, Chisinau MD-2012, Republic of Moldova, Europe
Printed at: see last page
ISBN: 978-620-4-96297-9

Écrits personnels, dédiés à ceux que j'aime

« Sur un air de Vivaldi »

J'avance vers ce qu'enfant j'appelais l'arbre aux fées. Grand saule pleureur, son tronc semble danser avec les nombreuses branches qui forment sa chevelure. Un léger vent de printemps la fait doucement onduler, j'y cherche toujours les fées.

Seule, pieds nus, j'avance sur le sol tiédi par les rais de soleil qui percent le rideau de feuilles naissantes. L'herbe vient à peine d'apparaître, accompagnée des petites fleurs bleues de mai.

Je marche vers mon arbre adoré, mes orteils titillés, caressés par la végétations foisonnante. Seuls le son du vent dans les branchages et le timide chant des oiseaux se font entendre. Je finis par m'asseoir contre le tronc noueux de mon saule, ferme les yeux et m'abandonne à l'immensité et au calme, au sein desquels je ne suis rien.

Un ruisseau n'est pas loin, parmi le parfum des plantes je perçois celui de l'humidité. Mes yeux clos s'endorment, et je rêve aux fées.

Compléter...

« La chambre de... était au premier étage, tout au bout du couloir carrelé, vers la mer. »
(…)
« ….Termina sa toilette et s'habilla pour sortir. »
(…)
« Dans le couloir il entrevit Clémentine qui regagnait sa chambre. »
(…)
« Il descendit »
(…)
« Le sol était comme de l'amiante. »
(…)
« Le chemin tournait, le ruisseau aussi. »
(…)
« Oui, répondit... »

A Slim
Ici le personnage de Simon incarne ce que j'étais, il pourrait aussi être « Elle ».
A une relation passionnée mais destructrice, de celles que l'on n'oublie jamais. Ni le bien, ni le mal.

La chambre de Simon était au premier étage tout au bout du couloir carrelé, vers la mer.

Sur un coup de tête comme cela lui arrivait souvent étant plus jeune, il était parti. Il avait brusquement fait ses bagages sans prévenir personne. Puis il a roulé, longtemps, jusqu'à se retrouver ici, dans ce petit hôtel proche de la mer. Le lieu l'avait séduit, les autres locataires étaient un peu comme lui, à la recherche de quiétude, de solitude. Il les croisait peu, et c'était très bien ainsi.

Après avoir bu son café en fumant sa roulée, il se leva, termina sa toilette et s'habilla pour sortir. Mais avant il s'attarda face à la vieille fenêtre. La mer d'un gris sombre, tacheté par le blanc de l'écume,semblait embrasser le ciel légèrement plus clair. On distinguait à peine la ligne d'horizon.

Simon prit un petit sac à dos, dans lequel il rangea deux ou trois bières, un carnet et un crayon. La porte en bois s'ouvrit puis se referma dans un léger grincement.

Dans le couloir il entrevit Clémentine, qui regagnait sa chambre. Simon la trouvait belle, elle lui rappelait un amour passé. Chaque fois qu'il la voyait son cœur se serrait et les larmes perlaient aux coins de ses yeux si bleus et si tristes.

Il descendit.

Au rez de chaussée, le sol était sec comme de l'amiante, sec comme sa gorge qui lui répétait sans cesse « j'ai soif, j'ai soif ». Simon prit une rapide gorgée de bière dans la cuisine de l'hôtel. La gérante était, comme à son habitude, affairée dans le potager. Le voilà dehors, prêt à errer dans les paysages qui lui étaient encore inconnus. Simon s'en fonça dans la forêt qui menait à la plage. La végétation était drue et sèche, mais l'air était frais, et la brise marine semblait l'appeler. Il suivit un chemin au hasard, et se laissa porter, par son corps comme par ses pensées.

Perdu dans les méandres de ses souvenirs, il remarqua subitement la présence d'un ruisseau. Il avait soif, cette soif qui lui fit perdre sa vraie Clémentine, soif qui l'avait isolé du reste du monde.

Le chemin tournait, le ruisseau aussi. Et là, la plage était devant lui. La mer attisa sa soif, toujours cette soif. C'est un océan de tristesse que Simon tentait de remplir. Il tomba à genou dans le sable et pleura. Il but ses bières en écoutant le chant des vagues. « As tu soif ? As tu toujours soif ? » semblaient lui demander les mouettes qui le survolaient.

Ses yeux si bleus, si clairs, si beaux et si tristes versaient des larmes salées comme la mer.

« Oui » répondit il.

« Le Lutteur ».

Egon Schiele, 1913, gouache et mine de plomb sur papier, 48,8 sur 32,2cm.

Je me vois dans ce miroir, si maigre mais si présent, tellement lourd et pourtant si léger...

Mais est ce bien le mien ? Que s'est il passé pour qu' aujourd 'hui cette vision infernale est insupportable, suscite en moi un mélange de haine et de fascination. Je suis plié, courbé, brisé. Mes articulations sont douloureuses, mes genoux et mes coudes se sont aiguisés. Aujourd'hui ces pointes acérées me griffent de l'intérieur et m'écorchent. J'ai mal partout. Chaque parcelle de mon corps me fait souffrir. Tas de viande avariée, gangrenée, voici ce que je suis devenu ! Une carcasse difforme recouverte de chair en décomposition ! Amas de pourriture, puanteur !

Je ne discerne rien de plus que cette monstruosité, cette masse écœurante et putride. Tension de lignes dures et sèches, les contours de ma silhouette sont des fils de fer barbelés. Des creux, des bosses et des pointes, recouverts par endroit par des tourbillons de poils noirs.Une bête apeurée, un monstre ou un homme. Mais que suis je donc ? Cette créature décharnée , plus proche de la mort que de la vie, et malgré tout incroyablement puissante.

Qu'est ce qui fait battre mon cœur, pourquoi palpite t il toujours ? Quelle est cette chose qui tend et déchire mes muscles ? Fou, je suis fou ! Un malade hanté jour et nuit par sa folie.

Mes pensées sont un bouillonnement horrible et insupportable. Sans répits, la maladie qui m'habite martèle mon crane. Il me semble parfois qu'il se fissure et s'apprête à exploser. Il se fend sous la pression des coups assénés par la maladie. Une pensée émerge, entraînant avec elle une horde de mots, d'idées, d'images et de sons. Tout s'accumule et croit à une vitesse indescriptible, telle une tumeur maligne. Cacophonie insupportable. Une toile se tisse, tout s'embrouille, se mêle et se noue. Amas insensé qu m'envahit et s'étend en chaque recoin de mon être. Tout alors se crispe et une souffrance inouïe s'installe. Je suis tel un animal en cage, je perds mes repères. Plus rien n'existe hormis cette douleur. La terreur me gagne, incommensurable. J'entends le sang claquer contre mes tempes,mes oreilles sifflent, cris stridents. Mon cœur s'affole, je le sens cogner contre mon torse jusqu'à me faire mal. Il déverse par jets violents un liquide bouillant et acide, parcourant tout mon corps.

Mes yeux ne voient plus le monde extérieur, je suis aveugle. Grands ouverts, ce sont mes hallucinations qu'ils contemplent. Superposition infinie d'images ; souvenirs vagues et précis, douloureux ou agréables. Elles défilent à une allure extraordinaire, s'emballent et s'emmêlent, pour finir par n'être que couleurs, sons et sensations.

Toujours cette peur innommable, ravageuse. Quel martyr ! Je n'en puis plus ! Comment vider mon corps de toute substance, afin qu'il se taise à jamais ? Je voudrais l'assécher, le faire tomber pour de bon. Je veux voir de mes propres yeux de dément ma peau lacérée, je veux contempler mes os jaillir et mon sang s'égoutter. Mettre fin à cette lente agonie.

La mort m'attire, je la désire. Pourtant la vie me retient et m'agrippe fermement. Je ne sais que choisir. La terreur en moi est si forte qu'elle m'empêche de réagir.Pris entre deux extrêmes, je suis perdu, je ne sais plus.

Doucement, sensation étrange, les bruits, les couleurs et les images s'estompent. Les coups contre ma poitrine s'atténuent, de même que le claquement du sang contre mes tempes. Je sens une puissance surhumaine, elle grandit et me rend euphorique. A présent je suis ivre de pouvoir. Mon regard change, il s'éveille et mes yeux se rouvrent sur un nouveau reflet. Ma véritable image apparaît enfin, mais que suis je beau !

Ni homme ni bête ni monstre, un dieu ! Voici ce que je suis ! Ce corps, véritable œuvre d'art, j'en suis l'auteur, j'en ai la maîtrise absolue. Artiste inégalé, par ma seule volonté je l'ai créé. Sculpteur de génie, j'ai creusé mes joues, mes fesses et mon ventre. Mon esprit a forgé mes muscles, vaillants et surpuissants. Tel le meilleur des peintres, j'ai tracé mes contours vifs, nerveux et rythmés. Puis par coups de brosse, j'ai orné ma chair d'un rouge éclatant, d'un ocre doré et de petites touches de vert et de bleu profonds. Mes lèvres charnues me font envie, leur pincement et leur couleur rouge vif me rendent fou de désir. Et puis ce téton si vivant, si appétissant....je suis tenter de le toucher.

Je voudrais que out le monde puisse voir mon chef d'œuvre, que chacun ressente ce désir mêlé d'effroi et de fascination. Comme si Dieu en personne apparassait parmi les Hommes. Je suis fier, supporter tant de souffrance en vaut la peine. Personne n'en serait capable, personne !! Je suis le seul, seul le seul.......si seul....

Voilà à nouveau j'ai peur. Ma vision se trouble....

Désespoir.

Le 27/10/2002 Jurançon

Mon corps n'est que carapace, je voudrais qu'elle se casse.
Mon âme en est prisonnière, je suis en colère
Je voudrais qu'elle se libère, s'évapore dans l'air.
Deux parties, voilà ce que je suis.
L'une ne va pas sans l'autre,
Je ne peux rien faire d'autre.
Seule mon esprit vit, mais jamais il ne sourit.
Il ne supporte plus sa prisonnière. Si seulement elle n'était que carton
Je la briserais et m'envolerais
Mon âme enfin libre
Pourrait enfin vivre
Rejoindre son univers,
Loin de cette terre
Laisser cette carapace en morceaux
Carapace trop tenace, lourde tel un étau
Étau uni à la terre
Terre qui pour mon âme n'est que misère.

de hurler de
rang de mal de
de tristesse d'horreur
je suis une salope
une putain de
de dégoût comme
de rejet de une grosse
REFUS
merde !! il fau
c'est tout ce que m'arracher les
membre me déchiqu
me broyer me casser,
mérite m'écraser me lacérer
me bouffer me ronger
me craquer me faire mal
me mutiler me tuer m
brûler me tordre me
frapper me plier me
déboîter les os me cou
m'enterrer me jeter
secouer me balancer
me blesser me mordre
me déchirer me faire
disparaître m'ouvrir l
ventre m'ôter le coeur
me faire pisser le sang
me bousiller les organes
me déchirer la peau
tirer mes membres,
tirer tirer tirer tirer
tirer jusqu'à la
mort la souffrance
la destruction

La chambre blanche

Elle fixait les quatre murs qui l'encerclaient,comme tétanisée. Tout était blanc, éblouissant.

Un lit aux draps blancs était rivé au solen plastique blanc et froid comme du carrelage. A droite, une petite fenêtre donnant sur le parc apportait une petite touche de vert à ce néant, tout blanc. Elle s'en approcha et voulut l'ouvrir afin de sentir l'air frais du printemps, mais seul un petit interstice de quelques centimètres daigna se déplacer. Quelques centimètres de liberté, de contact avec l'autre monde, celui que depuis des années elle avait oublié. Enfermée en elle même, rongée par des peurs sans noms et des obsessions, ses yeux étaient voilés par la folie. Elle se retourna et vit deux seaux, blancs eux aussi. Sur l'un « régurgitation », sur l'autre « urines et selles ». Une échelle de lignes noires ornaient ces cylindres blancs, avec des chiffres. Une petite table blanche était calée dans un coin de la pièce, supportant un gobelet en plastique blanc et une cruche d'eau. Deux portes, toutes deux fermées.

Silence absolu.

Elle pouvait entendre le son de ses pas sur le sol, la plante de ses pieds moites se collant puis se décollant du plastique « splash splash splash ». On lui avait confisqué des chaussons, sa montre, ses bijoux, ses vêtements. Son pyjama était jaune, bouton d'or perdu dans une chambre froide. Elle flottait dedans tel un fantôme, traînant son corps devenu carcasse sans chair et sans vie. Ses os frottaient sa peau de l'intérieur, semblant vouloir sortir. Squelette blanc dans un univers blanc. Des croûtes parcouraient son dos, tout le long de sa colonne vertébrale. Sa peau pourtant si fine et si blanche, presque transparente comme la cruche sur la table, tentait de contenir les os acérés qui s'acharnaient à creuser, râper, pour la déchirer et s'en libérer.

Elle ne sentait rien.

Elle ne pouvait s'asseoir que sur le lit, car la peau si tendue ne parvenait plus à refouler les os de son fessier. Parfois elle saignait. De toute façon elle ne s'asseyait jamais, la voix l'en empêchait. « reste debout, marche sautille, ne te repose pas. »

Elle ignorait le temps, seul le soleil balayant les murs lui donnait une vague idée de l'heure. Elle avait remarqué que lorsque l'ombre touchait la poignée de l'infirmerie, il était environ seize heure. On lui portait le goûter. Quand le soleil avait totalement disparu et que la fraîcheur commençait à poindre son nez, c'était l'heure du dîner.Or les saisons passent, les repères se perdent, et avec eux elle sentait son esprit jouer avec la folie. Seule des jours entiers, avec pour seule compagnie son lit et ses seaux, ses pensées bouillonnaient, foisonnaient, martelant avec une puissance inouïe son crane de momie. Parfois la voix possédait son esprit tout entier et elle se mettait soudainement à hurler, taper, racler les murs, renversant la cruche et les seaux, répandant sur le sol un immonde mélange de pisse de merde et de vomi noyé dans de l'eau. Rebutantes sécrétions de sa charogne puante. Elle s'arrachait les ongles pour se blesser, dans le vain espoir d'apaiser son mal être par la souffrance physique.

Elle a un jour tenté de s'étrangler avec le bas de son pyjama jaune accroché aux barreaux de son lit.On lui en ôta les barreaux et elle eut droit à un short. Elle se sentait mal dans ce short. On voyait ses jambes. Deux gros jambons gras qui lui paraissaient appartenir à un autre corps. Pourtant, elle le voyait dans le regard de l'infirmière qui venait la peser chaque matin, elle faisait peur à voir.

Les plateaux repas défilaient jour après jour, incessamment, lui faisant envie et horreur à la fois. Elle n'y touchait pas. La voix le lui interdisait. Parfois, affamée, perdant tout contrôle, elle avalait tout sans même mâcher. Elle engouffrait dans son estomac la nourriture dégoûtante. Alors elle allait se pencher sur le seau « régurgitations », son préféré, pressait juste un peu sur ce qui lui restait de chair sous ses cotes saillantes, et tout ressortait. La voix lui disait « tu ne seras propre que lorsque tu vomiras jaune, lorsqu'un goût amer remplacera l'acidité de tes sucs ». Pas besoin de forcer, elle se penchait et s'expulsait elle même, vomissait tout son être. Son corps tremblait alors, son cœur s'emballait, la sueur perlait sur son front, des étoiles couraient sous ses yeux. Elle vacillait jusqu'à se laisser choir sur le matelas blanc. Frémissante et épuisée.

Au bout de quelques mois elle prit un kilo. On lui accorda une demie heure de lecture par jour. Mais ce kilo l'obsédait, il était de trop pour son corps déjà trop lourd à supporter. La voix ne cessait de hurler « tu es grosse grasse et molle !! »Incapable de se concentrer sur la lecture elle arracha quelques pages et les cacha dans sa culotte. Elle savait que le lendemain après la pesée elle n'aurait plus ce privilège. Il fallait qu'elle se débarrasse de cette masse intruse et nauséabonde.

Dans cette pièce blanche elle évolua, huit mois. Petite chose flirtant avec la mort, remplis à en exploser de douleur, de pensées grouillantes comme des vers lui dévorant l'âme. Elle y commit des actes inhumains, dignes d'un animal ou d'un monstre. Elle luttait en permanence pour faire taire la voix, la mort qui la tirait à elle de toutes ses forces. Parfois, lorsque ce mal bavard lui laissait un peu de répit, elle s'allongeait sur le lit et rêvait. A de beaux moments d'enfance, gommant les mauvais. A sa famille, sa région adorée qui étaient si loin. Elle gardait toujours l'emballage du sucre en poudre, car la cathédrale de Strasbourg y figurait. Elle aimait tant ce monument.

Elle était presque morte, mais si puissante et si forte à la fois. La volonté ne se soucie pas de l'enveloppe qui l'abrite.

Plus de dix ans après elle se souvient, elle se souviendra toujours. Moins de la douleur supportée, que du jour où elle quitta la chambre blanche, ce néant blanc. Une infirmière la conduisit dehors, la porte de l'établissement s'ouvrit sur le parc. Une immense bouffée d'air frais l'enveloppa, elle se sentit ivre. Son champ de vision était décuplé, elle en eut le vertige. Elle prit le monde en pleine face, il la happa dans toute sa splendeur et son immensité. Elle ne distinguait pas de limite, les Pyrénées, les camaieus de verts, de gris et de bleus, la douce tiédeur du soleil caressait sa peau blanche et glacée, et une légère brise caressait ses cheveux. Elle pleura. Huit mois pour quelques kilos, pour être libre d'aller à sa guise. Ces kilos elle les avait gagnés, elle les gardera et continuera à en prendre jusqu'à ce que son corps retrouve un équilibre.

Elle avait compris.

Aujourd'hui devenue femme, elle se sent forte et si sensible à ce qui l'entoure. Chaque jour est à savourer, chaque détail même anodin a son importance.

Parfois la voix susurre encore à son oreille, alors elle ferme les yeux et sourie, la fait taire.

« Laisse moi renaître ».

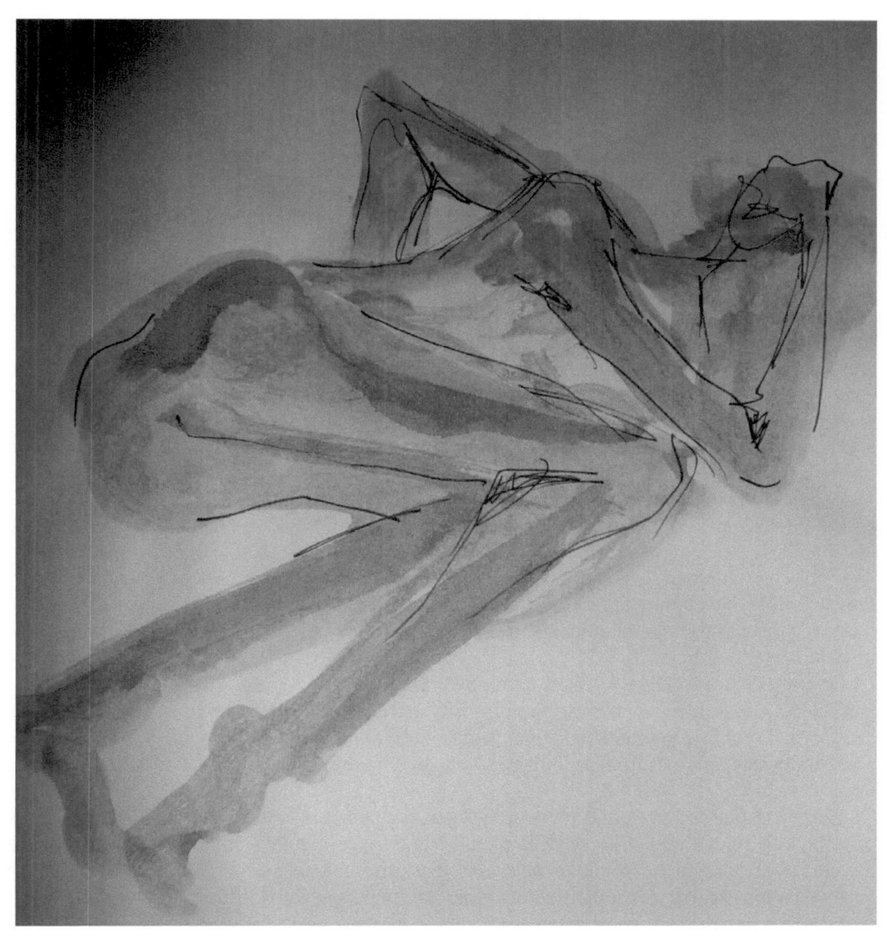

Le gouffre

Elle était fragile, perdue et désespérée. Il lui semblait qu'elle avait puisé toutes les forces de son être pour survivre jusque là.

Un jour en sortant de la chambre blanche, elle avait fait un choix. Celui de vivre. Or de retour parmi les vivants, elle fut submergée par la masse que représentait la société. Si longtemps isolée, elle se sentait comme un animal en cage soudainement libéré au beau milieu de nul part.

Le quotidien des gens était rythmé, répétitif, organisé. Elle avait la sensation d'être immobile, figée, observant un train en marche qu'elle avait manqué. Petite chose prise dans une fourmilière où elle ne trouvait pas sa place. Les angoisses à nouveau envahissaient son esprit, ravivant les souvenirs de son passage dans la chambre blanche.

Ne parvenant pas à suivre le rythme effréné de la vie extérieure, l'envie malsaine de s'évader l'envahit. Fatiguée et lasse de lutter contre des peurs innommables, elle chercha un moyen de fuir, de s'isoler à nouveau. Elle en avait assez d'avoir mal et s'était construit un refuge traître et destructeur. L'alcool.

Liquide chaud qui réchauffait sa gorge puis l'anesthésiait, se déversant dans chaque parcelle de son corps. Frais et pétillant sur son palais, c'est une tiédeur agréable qui s'insinuait en elle. Ses muscles toujours si tendus absorbaient cette sève et lentement ils se détendaient. Son esprit torturé s'évaporait dans les nuages doux tel du coton, elle ne pensait plus. L'alcool noyait la voix qui la hantait puis elle s'abandonnait corps et ame. Elle ne se nourrissait plus que du nectar des dieux.

Le temps passant, elle se sentait autre, telle une nouvelle « elle » qu'avait fait naître cette substance. Confiante, moins sensible, plus ouverte et si facilement joyeuse. Elle vécut dans une sorte d'euphorie permanente, allant jusqu'à oublier qui elle était. Elle immergeait son être dans un océan d'alcool, flottant loin, très loin de la réalité. Elle se sentait forte et puissante, légère et libre.

Chaque matin elle avalait la première gorgée avec empressement. Sa bouche palpitait, ses membres se relâchaient. Elle sentait, au fur et à mesure que le liquide pénétrait sa chair,la quiétude l'envahir. Il lui semblait que son cœur absorbait tout le suc vital pour ensuite, à chaque battement, l'expulser dans chacune des veines de son corps. Elle se sentait bien.

Le temps passa, la situation se renversa.

Les volets de son appartement s'étaient baissés, l'enfermant dans une pénombre constante. Elle était si bien, habitée par l'alcool, que le contact des autres l'ennuyait. Elle s'était enfermée en elle même, dans un lieu obscur et sale. Petit à petit, tellement occupée à alimenter son être de ce liquide devenu indispensable, elle négligeait tout le reste. La seule chose qui importait était cette fuite. Fuir le monde, fuir ses angoisses, se fuir elle même. S'échapper. Son corps était devenu une enveloppe sans importance, qu'elle traînait d'une pièce à une autre, enjambant et trébuchant sur les bouteilles qui jonchaient le sol. Elle avait changé. Peu lui importait. Accoutumée aux effets de l'alcool ingéré, la quantité augmentait un peu plus chaque jour. Lorsque, cloîtrée dans sa prison aux volets clos elle n'avait plus d'alcool, survenait une sorte de semi conscience. Son corps la dégoûtait. Ce n'était plus le sien.

Autrefois si fin, svelte et élancé, il était devenu tas de chair gonflé et bouffi. Des plis, des boursouflures, des mamelles pleines à craquer. Elle ne reconnaissait plus son reflet dans le miroir. Son visage était rond comme la pleine lune, ses joues prenaient toute la place, rétrécissant ses yeux et masquant ses oreilles. Les jolies fossettes qui se dessinaient lorsqu'elle souriait avaient disparu, mangées par la graisse. De la sueur perlait sur son front rougi, pourtant si blanc avant. Elle ne recherchait plus l'euphorie et le bien être, mais la fuite. Elle ressentait un besoin viscéral de s'évader, de ne plus se voir ni se sentir. Elle savait qu'elle se faisait du mal et qu'à nouveau c'était la mort qui la tirait à elle. La vie était partie.

Mue par une pulsion d'une force inouïe, elle trouvait le courage de s'habiller dans le seul but d'aller retrouver sa seule nourriture, l'alcool. Un résidu de lucidité la poussait à camoufler au mieux son apparence pitoyable. Elle avait honte. Malgré les tremblements et les palpitations, elle sortait douloureusement de son antre. Chaque sortie était une torture, physique et morale. Elle s'empressait de remplir son chariot d'alcool, le recouvrant de bouteilles d'eau, comme pour sauver les apparences lors de son passage à la caisse. Pourtant elle savait, les autres savaient, c'était inscrit sur son visage. Ne pouvant contenir ses tremblements, les jambes chancelantes, elle ne payait que par carte bancaire. Ses mains ne pouvaient plus tenir de pièces sans en faire tomber. C'est avec un effort surhumain qu'elle composait son code secret, puis s'enfuyait telle une voleuse vers sa voiture. Elle n'avait pas pris suffisamment d'alcool à son goût et ses mains tremblaient tellement qu'elle ne pouvait tenir le volant. Alors avant de repartir, elle avalait un litre de ce que jadis elle appelait le nectar des dieux. Elle se rendait ensuite dans d'autres lieux de ravitaillement, remplissant son coffre comme elle remplirait son estomac.

Une fois de retour dans son sombre repère, toute honte avait disparu, laissant place à un soulagement intense et jouissif. Elle se barricadait, protégeant son trésor comme une mère protège son nouveau né. Le temps n'existait plus, elle ignorait le jour et la nuit. Les cadavres s'amoncelaient toujours davantage, le liquide l'emplissait et la noyait, commençant à dévorer son foie et son esprit.

Elle était partie loin, très loin. Tellement pleine, elle vomissait les premières gorgées, liquide jaune mêlé au rouge de son sang. Mais il fallait qu'elle ingurgite encore et encore, jusqu'à ce que son corps accepte à nouveau le liquide qui le rongeait à petit feu. Elle buvait, attendant que l'effet magique se produise, que les nausées se dissipent, et avec elles les convulsions de son enveloppe. Alors elle continuait, sans cesser,pour finir par s'écrouler dans un sommeil artificiel. Un sommeil sans rêve ni cauchemar.

Un jour à bout de force, elle eut un éclair de lucidité.Il fallut que la mort s'en mêle. L'alcool faisait battre son cœur si fort qu'elle le sentait cogner contre ses côtes, son sang coulait si vite qu'elle avait la sensation que ses veines allaient éclater. Tout en elle brûlait, s'agitait, elle ne pouvait plus se lever. Le besoin étant si fort, elle trouva le moyen malgré tout de se traîner vers les quelques bouteilles qui lui restaient. Elle vivota ainsi jusqu'à ce que s'écroulent son corps et son ame. Elle vomissait, s'agitait, suait, sa taverne noire dansait sous ses yeux, de plus en plus vite, lui retournant les tripes. Elle était prise dans un tourbillon de poussière opaque dans lequel elle ne distinguait plus rien. Son regard était voilé, incapable de se figer. Elle se retrouva dans une chambre blanche, ouverte celle ci. Or elle était prisonnière, cloîtrée en elle même et incapable de se mettre sur pieds.

Encore une fois, on la sauva, on lui octroya une nouvelle chance. Miraculée, il faut croire que la vie l'aimait. Elle se devait à présent d'apprendre à l'aimer en retour.Quelque chose veillait sur elle, et lui chuchotait souvent, tout doucement,

« Renais ».

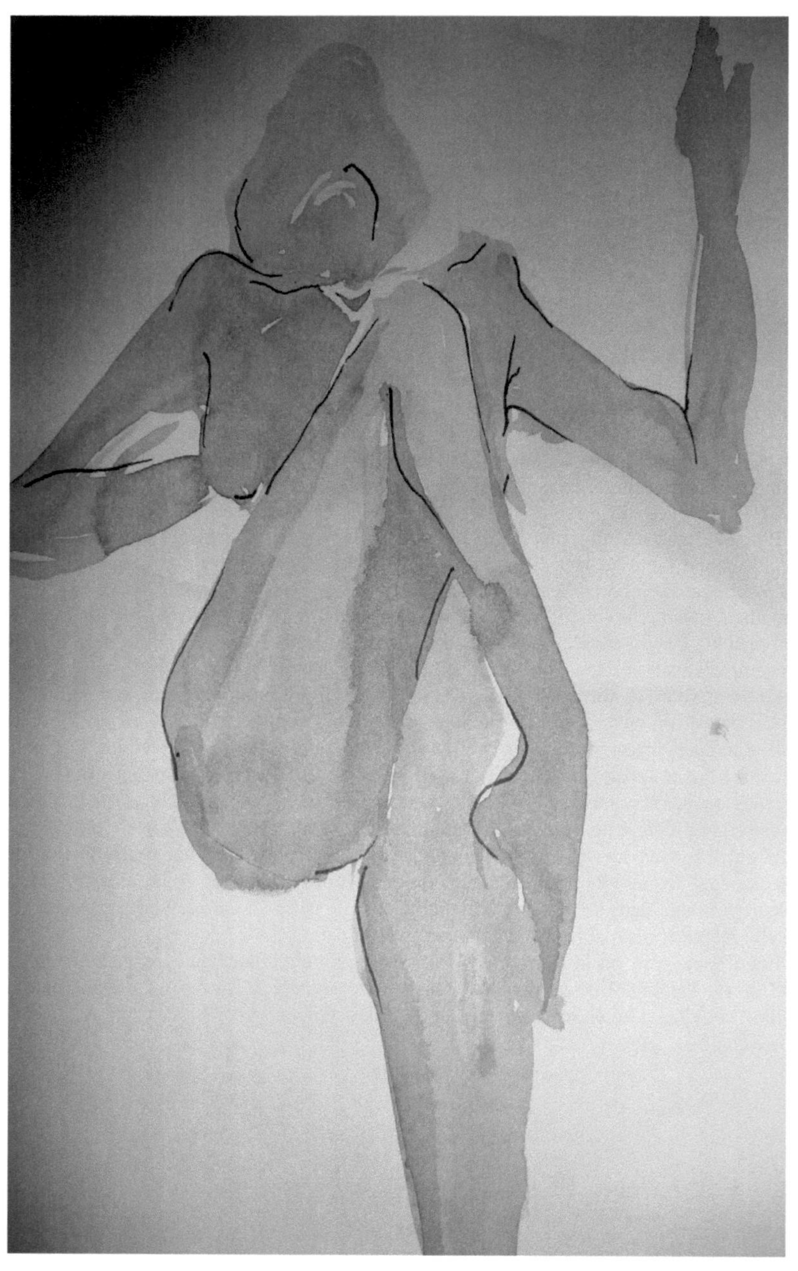

La Bête

Rage, je suis en colère envie terrible de hurler FERME LA TAIS TOI !!!! Elle me dit BOIS BOIS BOIS !!!!! cris si forts, j'ai mal à la tête mal aux tripes. Tensions, tiraillements, déchirures. La voix, cette voix c'est le mauvais moi, « Elle » reprend le dessus. Elle ricane, se jouant de ma faiblesse. Je la vois telle que je me sens, sac de nœuds noirs et tranchants, sur lesquels pendent des lambeaux de chair putride et sanguinolente. Elle sourie se rie de ce que je suis je l'entends. Monstre immonde. Je suis enfermée en moi même dans une charogne roulée en boule, tentant de résister, de ne pas écouter. J'enfonce ma tête malade entre mes genoux, mes bras m'entourent fermement, m'écorchant, me lacérant. Mes doigts s'enfoncent dans mes omoplates, pour contenir la bête que je suis. Leurs ongles griffent ma chair toute fine, laissant apparaître des os blancs sous une rivière de sang brûlant. Ça tire, ça déchire, ça suinte et ça gicle. Fils de métal tranchants, je me maintiens de toutes mes forces, il ne faut pas il ne faut pas je ne veux pas je ne veux pas je ne veux pas. Si j'ôte un doigt un seul, tout se dénoue, tout éclate, et dans une fulgurante explosion la bête métallique ferait éclater ce qui me reste de vivant. Coups de fouet, mes nerfs de fer transperceraient ma peau, monstre se libérant de son antre, tuant tout ce que je suis encore. BOIS BOIS BOIS !!!!! non non non NON !!! je tends mes muscles au plus fort. Hurlements soudain devenus murmures vicieux et tentateurs, séducteurs. Je relève la tête et m'époumone LAISSE MOI EN PAIX!!!! DISPARAIS !! Fatiguée, lasse, je me mets à haïr le monde, la vie, les autres, moi même. Je contiens les pulsions du sac de nœud enfoui en moi, l'autre moi. La haine et la rage me rongent mais je tiens bon....je ne lâche pas je ne lâcherai pas.

« Bolero », Ravel

C'est le matin, je m'éveille comme d'ordinaire aux aurores. Le soleil caresse les murs de ma chambre, l'enveloppant tendrement d'une lumière orangée. L'air est encore frais, les merles, toujours premiers aux aguets, chantent gaiement. Bientôt les moineaux, mésanges et pinsons se joindront à eux, allant crescendo comme pour célébrer l'ascension de l'astre qui illumine nos jours.

J'enfile une robe légère et des ballerines, pour rejoindre la forêt la plus proche. Il est encore tôt, je suis seule avec les oiseaux. J'empreinte un petit sentier, bordé d'herbes hautes, de fougères et d'épais buissons. J'entrevois le ciel encore gris, très légèrement bleu, au travers du feuillage qui m'entoure. Il fait un peu trop frais, le duvet se dresse sur ma peau frissonnante. Je m'approche d'une flaque de lumière pour me réchauffer et admire le ciel se foncer petit à petit. La douceur des rayons me caresse, la légère brise matinale tournoie, semble vouloir jouer avec moi, m'entraîner dans sa danse enjouée. Mes cheveux ondulent avec elle. Ma robe virevolte, le bruissement des feuilles devient musique, la forêt m'invite. J'ôte mes ballerines, la rosée du matin, dans un frais baiser, incite mes doigts de pieds à bouger. Je me laisse entraîner, souriante et légère, tous sens en éveil. Sous cette flaque de lumière, je suis la brise et fais voltiger ma robe, tournant sur moi même, suivant le rythme du vent. Le doux chant de la forêt se fait de plus en plus rapide et intense. Il me tient et me guide, je me sens libre. Mes pieds sautillent dans un pas chassé, faisant bondir les gouttes de rosée, scintillantes sous les rayons du soleil, feu d'artifice argenté. Je danse, tournoie, bondis, les bras grands ouverts, bouge, rie, mon cœur bat au rythme de la symphonie des arbres. Les oiseaux m'accompagnent, le feuillages frémis comme pour me sourire, mes mains le frôlent, mes doigts y glissent puis je cours, respirant à plein poumon l'air frais, au parfum de terre humide.

Libre libre libre et heureuse de vivre.

Le soleil s'est levé, je me sens apaisée.

Absence

Brusque besoin d'être seule.

Je ne sens rien, ne ressens rien.

En moi règne un vide infini. Mes pensées sont silencieuses, je suis partie. Enfermée dans une parenthèse où le temps s'est arrêté. Mon corps est fantôme vidé de toute vie, je suis absente. Spectatrice de mes actes.

Lentement, machinalement, je me vois avancer, traînant les pieds.

J'ignore pourquoi.

Marionnette guidée par une ombre, je m'arrête. Figée, clouée sur le carrelage, je suis soudain immobile.

Durant une heure, une minute, une seconde ?

Je me tiens debout face au plan de travail de la cuisine.

J'ignore pourquoi.

Mes yeux fixent les couteaux .

Une heure, une minute, une seconde ?

Mon bras se tend machinalement vers la plus large lame. Ma main en saisit fermement le manche. Je peux entendre le bruit de la lame s'extirper de son socle en bois. Frottement très lent, acide, sec, s'achevant par le tintement du métal libéré « cling ! ». Toujours figée, mon regard ne se détache pas de la lame.

Je ne sens rien, ne ressens rien.

Les fils reliés à mes membres avec lesquels joue l'invisible, se meuvent à nouveau. Mon corps se dirige vers la chambre aux volets clos. Mes doigts s'agrippent de toute leur force au manche. J'avance. M'assois. Toujours ce silence en moi, absence, disparition.

Une heure, une minute, une seconde ?

Je contemple mes poignets puis la lame. La chair puis le fer. Vint l'instant où les deux s'unirent dans un giclement rouge et chaud. J'enfonce la lame au plus profond et la tire, lentement, hypnotisée par la beauté du liquide rouge et épais. Mon autre bras se saisit du manche, et répète le geste sur l'autre poignet. Je regarde avec délectation. Une sérénité que je ne connaissais pas m'enveloppe, puis les fils qui me dirigeaient se détachent brusquement, laissant choir me bras le long de mes jambes repliées. Je m'allonge, ferme les yeux.

Une heure, une minute une seconde ?

Je ne sens rien mais je ressens.

J'entends. Le liquide chaud qui s'écoule le long de mes paumes, s'insinue entre mes doigts, sous mes ongles, pour mourir sur le sol « ploc ploc ploc ». Caresse si douce et si chaude, il coule, s'écoule, je m'écroule.

L'Autre côté

J'aime à penser que je peux tout contrôler. Or ici bas rien n'est figé, déterminé. Rien n'a de sens ni de définition. Il faut des limites à l'humain, des repères, des garde fous. On nomme les choses, contourne et clôture le monde. C'est arbitraire mais nécessaire. Car au delà de ces barrières résident les angoisses, peurs sans nom ni visage.

Mon esprit connaît ces barrières or il ne cesse de s'évader. Incontrôlable il échappe à ma vigilance et devient souffrance. J'aspire à demeurer dans la réalité pourtant je ressens le besoin constant d'y échapper, de m'évader. Funambule, j'avance chancelante, tirée d'un côté puis de l'autre, sur un fil qui je le sais, peut céder à tout instant. Je voudrais tout contrôler, j'ai tenté mais toujours j'ai échoué.

De nombreuses fois j'ai perdu l'équilibre, penchant mon regard du mauvais côté je suis tombée. Mais une main se tendait, me rattrapait. « Tu dois vivre, aller droit sans te retourner, sans chavirer. ». Cette main, je voudrais ne jamais la lacher, la laisser me guider. Pourtant c'est seul que l'on doit évoluer, tel un enfant se tenant pour la première fois sur ses pieds.

J'ai longtemps erré du mauvais côté, celui que je pensais être liberté. Ivre j'ai plongé dans le noir, détachant mes pieds du fil devenu trop tranchant. C'est un océan sans surface ni fond, sans règle ni définition.

J'y ai rencontré des ame magnifiques, étoiles scintillantes dans l'obscurité de la perdition. Chacune d'entre elles m'a ouvert les bras, m'apportant un peu de son éclat. Êtres ne trouvant pas leur place dans la réalité, ils ont choisi de rester ici. Aucun d'eux ne m'a jugée, jamais. C'est toujours avec un sourire abimé qu'ils me recevaient. Dans cet océan, nous sommes tous égaux, perdus et souffrants, bien loin d'une vie que chacun d'entre nous avait refusé.

Ce sont ces étoiles égarées qui m'ont élevée, qui m'ont apporté amour et attention. Ils ont empli mon ame et mon cœur jadis vides et endormis. Depuis longtemps l'envie d'atteindre l'autre côté les avait quittés. Las de vasciller sur un fil si blessant, ils se sont laissés porter, définitivement noyés dans cet univers noir et pesant, au sein duquel pourtant, ils étaient si brillants. Ils étincelaient d'intelligence, débordaient de sensibilité et de générosité. Ils m'ont protégée. Pour eux, je me nommais Blanche neige. Je les ai aimés.

Leur flamme s'atténuait chaque jour un peu plus, leur sourire écorché s'effaçait davantage. Alors dans un ultime tremblement ils me repoussaient vers le fil, me priant de saisir la main qui se tendait. Je les ai vus s'éteindre un à un, je les ai devinés sourire une dernière fois, c'était leur choix. « Blanche neige, ce n'est pas le tien.... » J'ai accepté la main tendue, sans les quitter du regard. Le scintillement faiblissait, s'éloignait et finissait par mourir dans un filet du fumée léger et fin, fin comme le fil.

Aujourd'hui toujours en équilibre et les pieds usés j'avance. Ils sont mes anges gardiens, splendides ames perdues, ils veillent. « Ne tombe pas, accroche toi. ». « Vis Blanche neige, tu n'as pas ta place ici » m'a dit l'un d'eux avant de mourir. « Vis... ».

Angoisse

C'est une peur sans nom ni définition, sans origine, mesquine.

Petite graine empoisonnée, germe pestiféré, elle prend racine dans ma poitrine. A chaque palpitation de mon cœur, elle s'ancre plus profondément et s'étend lentement. Ses ramifications s'insinuent dans mes nerfs, mes veines et mes artères. Mon cœur bat, elle croit. Mon cœur bat, elle prend possession de moi.

J'ai peur, seule face à moi même, plus rien autour de moi n'existe, la douleur insiste. Submergée par cette vague d'effroi je ne suis plus moi, je perds pieds, accrochée en vain à la réalité. Je tente de me maîtriser, or le courant et trop fort. Ça me fait mal,je voudrais crier à l'aide mais mes lèvres sont pincées, mes traits tirés par l'effort. Mon corps s'agite, l'équilibre et la raison petit à petit m'abandonnent.

Il n'y a personne.

Juste moi, ce moi qui me terrorise, me tue de douleur et me martyrise.

Je ne sais pas pourquoi.

Je commence à me haïr et voudrais fuir, laisser le vide m'envahir. Mais je suis pleine à éclater, pleine d'idées, de pensées insensées, désordonnées. Un cadavre bouffi et bleui, dans lequel des milliers de vers se nourrissent de la chair pourrie. J'ai besoin de vomir, régurgiter ce qui me hante et me dévore. Me saigner pour faire s'écouler la sève empoisonnée, qui me noie de l'intérieur. Elle me brûle comme de l'acide, je suis à vif, aux aguets, traquée, obsédée, aliénée. Ça tourbillonne, fusionne, brûle et se consume. De dedans je hurle, m'époumone.

Il n'y a personne.

Juste cette peur sans nom ni visage, sans nom ni définition, sans origine, maligne.

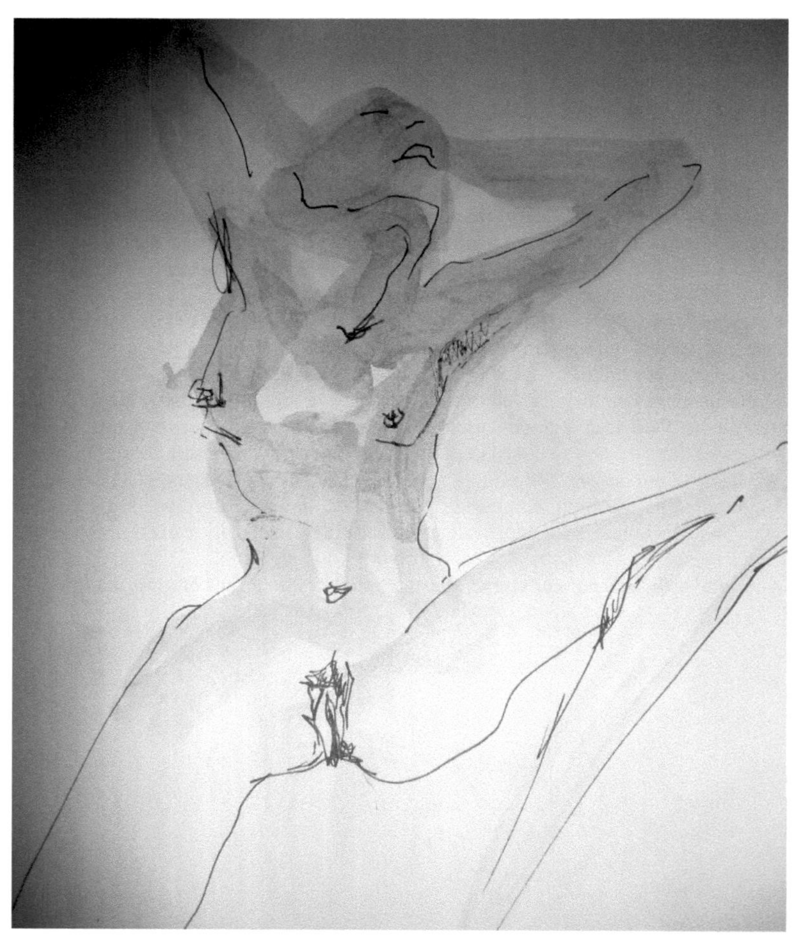

Lui

Je cherche encore et toujours ma place dans ce monde. Tout semble aller si vite, dans un mouvement répétitif. Je ne parviens pas à suivre le rythme, et avance, tant bien que mal. Sans cesse je penche, en avant,en arrière, à gauche, à droite. Il m'est impossible de rejoindre la foule, elle me refoule. Jamais je n'ai pu me couler dans un moule.

C'est dans un utérus mal formé que mon corps a pris vie. La petite graine que j'étais s'est imposée, écartant et modelant les parois de l'organe maternel. Le ventre de ma mère s'est arondi, a grossi et c'est empressée que j'en suis sortie. J'étais solide et pleine de vie.

C'est dans un tout autre univers qu'aujourd'hui je dois grandir, vieillir pour mourir. Or celui ci est hors d'atteinte, je suis incapable de m'y fondre, encore moins de le modifier, le modeler à ma guise. Je redeviens une petite chose, cette fois ci impuissante face à l'univers qui m'entoure. Je n'ai pas de prise, aucun pouvoir. Ce n'est pas un organe que l'on peut contrôler, c'est une immensité remplie d'âmes et d'objets auxquels il faut se lier. Il n'y a d'autre choix que de l'accepter.

Tellement longtemps j'en ai été écartée, tellement longtemps je l'ai évitée. Or à présent j'en fais partie, même si je n'en ressens pas réellement l'envie. Je balance entre le désir de le fuir, et celui d'enfin le rejoindre. Sans cesse tiraillée entre deux extrêmes, entre la vie et la mort, entre l'acceptation et le déni, l'euphorie et la détresse, je veux que cela cesse.

Au sein de cette masse d'êtres pressés quelqu'un s'est arrêté. Il m'a regardée, sans pitié sans me juger. Lui ne m'a pas refoulée, c'est dans une étreinte d'une douceur infinie qu'il m'a recueullie. Il ne m'a rien demandée, il m'a juste aimée.

Dès lors c'est debout que j'avance, ma main dans la sienne. Et lorsque je vacille, ses bras m'étreignent, je m'y abandonne. Il me porte et me transporte. Il emplit mon ame d'une chaleur que jamais je n'ai connue. Alors je continue. Mon corps et mon esprit à nu, sans retenue. Il m'insuffle force et courage, amour et vie. Sa main jamais ne me lâche, alors je poursuis sans relâche.

L'araignée

Lorsque mon corps devient un poids lourd à porter,
Lorsque mes pensées commencent à se brouiller, s'embrouiller,
Je suis tétanisée.

Une toile se tisse et se répand, greffant ses filets dans chaque pore de ma peau, dans chaque cellule de mon cerveau.

Telle une mouche, je suis piégée. Surtout, ne pas bouger, au risque de s'engluer dans les filets de l'araignée. Rester immobile, ne pas battre un cil, demeurer figée, ne pas lutter. A tout prix, ne pas attirer la bête, ne pas perdre la tête. « Bois, tu m'éviteras, bois donc et je te libérerai de mon emprise ! ». « Méprise ! Je le sais, et ne serai plus naïve ». C'est sans arme que je contiens mes larmes.

« Combien de temps encore ? Mais vas y j'attends que tu me dévores !! » L'araignée ricane et étire sa toile, tend ses fils, mes nerfs et ma peau se tendent, la douleur prend de l'ampleur, j'ai peur.

Puis elle me pique, me pousse à contempler les couteaux. « Regarde le frigo ».....qui jadis contenait tout sauf de l'eau. Envie de boire. C'est avec souffrance que je sors prendre le volant. Non plus celle qui m'habitait lorsque je buvais, mais celle de lutter contre la pulsion destructrice, que soigneusement l'araignée tisse. Je roule sans m'arrêter. Je sais que l'alcool est à ma portée, si simple d'accès. Pourtant rien que l'idée d'une gorgée me donne la nausée. Alors à la petite saleté qui me tient en otage, je dis non et prends un virage. Cela la met en rage. « Cette fois ci tu restes en cage ! »

Course poursuite contre l'envie, je continue de rouler,le regard braqué droit devant moi.

Elle n'aime pas ça. Je contourne chaque obstacle, « Vas y, contemple le spectacle ! » A chaque virage la toile se relâche, je gagne du terrain. Pour la bête c'est du venin. Je lui souris d'un air malin et répète « vas y, contemple le spectacle !! ». Je sens mes muscles et ma peau se détendre, mon esprit s'éveille et la force me regagne.

Fil après fil je défais la toile, prenant garde à ne pas faire de nœuds. L'araignée m'en veut, je la sens se débattre, chatouillant mon cœur telle une bouffée d'angoisse. Mon estomac s'émoustille, je suis prise de nausées. Je le sens, je vais l'expulser.

De retour chez moi, j'ai tout juste le temps de me pencher sur l'évier. Prise de spasmes et de vertiges, je vomis. Ce n'est plus moi que je régurgite, c'est la bête prise dans sa propre toile. C'est l'angoisse et l'envie. J'ai gagné.

Elle reviendra, elle revient toujours.

Mais jamais plus je ne la laisserai voir le jour.

Rouge

Le rouge n'est pas une couleur chaude, elle est assassine.

Rouge, comme le sang épais coulant sur les mains d'une suicidée
Rouge, comme la toile des vaisseaux sanguins envahissant les yeux tristes d'un drogué
Rouge, comme le liquide coulant le long des cuisses d'une femme perdant un enfant
Rouge, comme le baume que s'appliquent les femmes sur leurs lèvres, masquant la laideur de leur visage
Rouge, comme le soleil à la tombée du jour, le reverrai je demain ?
Rouge amer, mêlé à la bile qu'une anorexique vomit
Rouge acide, brûlant la gorge d'un alcoolique régurgitant sa première bière
Rouge, comme les flammes léchant les pieds d'un condamné
Rouge, comme le teint d'un homme noyé dans la boisson
Rouge, comme la pomme qui nous chassa du paradis
Rouge, comme le feuillage des arbres qui se meurt en automne
Rouge, comme le voile qui aveugle les hommes en colère
Rouge, comme les tétons durcis d'une femme excitée
Rouge, comme le mauvais vin dans lequel les esprits faibles se perdent
Rouge, comme la lumière d'un phare hors d'atteinte
Rouge, comme les pétales d'un coquelicot, opiacé ne survivant qu'une journée
Rouge, comme le reflet des ailes d'une mouche à merde
Rouge, comme les tripes d'un soldat tué à la guerre
Rouge tentateur des champignons les plus toxiques
Rouge, comme les traces de démangeaison sur une peau malade
Rouge, comme les yeux du cheval noir incarnant le diable
Rouge, comme les yeux des rats de laboratoire
Rouge, comme la marque laissée sur le cou d'un pendu
Rouge, comme la rose aux épines assassines
Rouge, comme l'extrémité d'une cigarette qui se consume
Rouge, comme le piment qui brûle les papilles

« Les parfums ne font pas frissonner sa narine.
Il dort dans le soleil, la main sur sa poitrine, tranquille.
Il a deux trous ROUGES au côté droit »
(Arthur Rimbaud, Le dormeur du val).

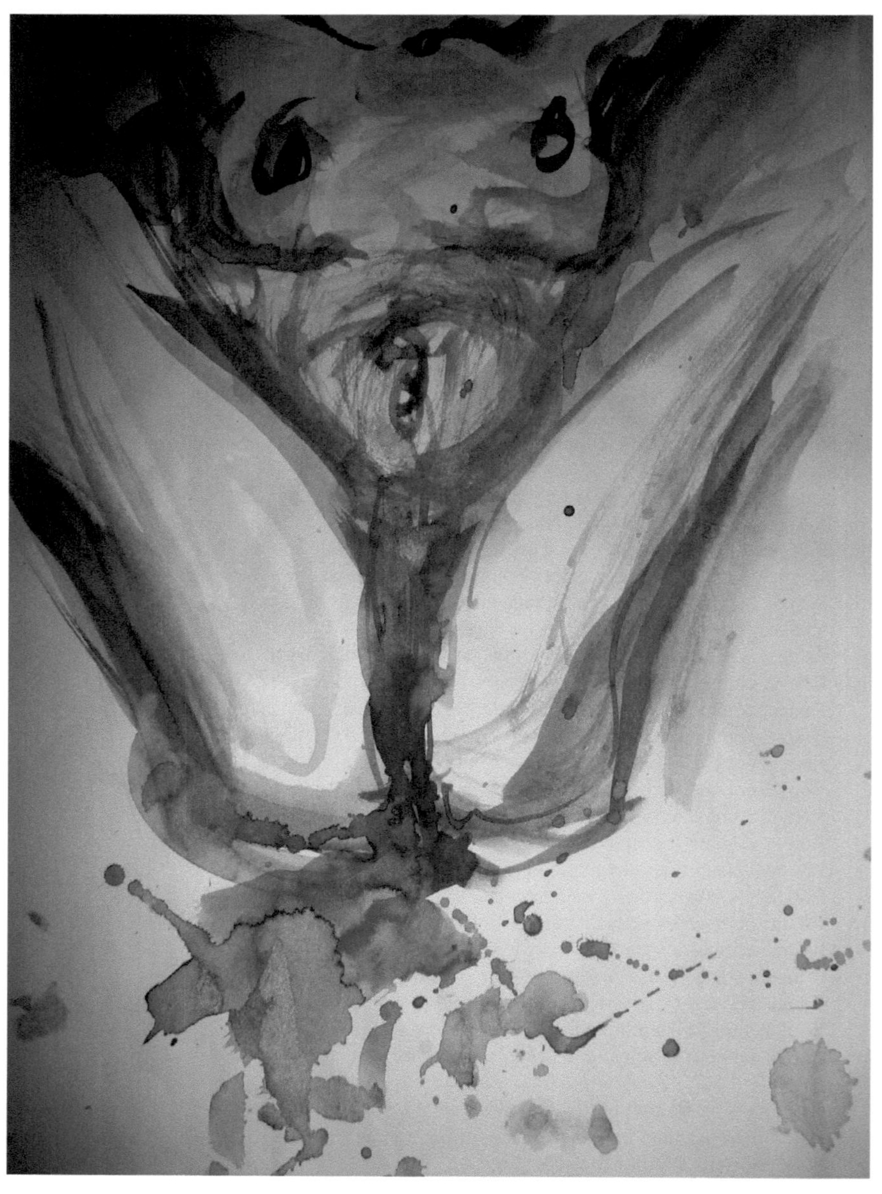

Souvenirs d'hiver

J'aimais le grenier aménagé en grand salon dans la maison familiale. De superbes poutres en bois sombre vieilli longeaient les murs, jusque sous le toit. Une grande baie vitrée donnait sur le jardin, et inondait de lumière les nombreuses orchidées que maman collectionnait. Il y avait une grande terrasse dont le sol était recouvert de dalles en pierre, entre lesquelles émergeaient des herbes sauvages. Des jardinières étaient disposés le long des rambardes, contenant des iris bleus, de la glycine, un arbre de Judée et tant d'autres plantes dont j'ignorais le nom. Une vieille table de ping-pong servait à la culture des cactus que mon père affectionnait tant.

En hiver, les merles, mésanges et moineaux venaient se ravitailler dans les petites maisonnettes en bois bricolées par papa. Les feux de cheminée chauffaient le grenier, ayant pour seule séparation de longues et hautes bibliothèques. J'adorais fouiner dans les ouvrages, sentir l'odeur du vieux papier. Il y en avait des centaines. D'un côté, des canapés couleur ocre habitaient l'espace devant la baie vitrée. De l'autre, il y avait un orgue, un piano à queue, et deux harpes. L'une classique, l'autre celtique. Un vieux coffre contenant des piles de partitions jonchait dans un coin, près des bûches de bois.

C'est ici, dans cette pièce magique, que nous nous retrouvions tous les quatre les dimanche d'hiver.

Je me souviens avec mélancolie de ces doux moments qui ont bercé mon enfance.

Dans cette grande et unique pièce à l'étage, crépitait joyeusement un feu de cheminée. Les bûches de bois sec sentaient bon la forêt. Leur parfum embaumait l'espace, libéré par la langue brûlante des flammes. J'aimais m'en approcher afin de laisser la chaleur m'envelopper, et admirais la vive danse du feu. Ondulations hypnotisantes, bleues, jaunes, orangées, rouges. Parfois je m'assoupissais.

Il faisait déjà nuit dehors, et nous étions tous réunis, lisant paisiblement sur les fauteuils, bercés par le son du piano. Mes parents étaient de grands amateurs de musique classique. Tout un mur était dédié aux CD et aux disques, qu'ils écoutaient sur une belle et grande chaîne hifi. J'ai longtemps été émue par ces sons atemporels. Mais rien de valait le talent de ma mère. Véritable virtuose, j'ai toujours été fascinée par l'agilité et la rapidité de ses doigts bondissant sur le clavier du piano à queue. De son coffre ouvert s'échappait une mélodie envoûtante, délicieuse. Lorsqu'elle jouait, son esprit semblait l'avoir quittée, ne faisant qu'un avec la musique, oubliant la réalité. Elle y mettait toutes ses tripes, toute sa passion. C'était un spectacle magnifique, je l'admirais les yeux brillants, fière. C'était ma mère. Elle avait ce pouvoir, ce don de donner vie à toutes ces partitions si complexes qui m'échappaient et m'intriguaient. Une quantité indéfinissable de points noirs, de ronds unis par les traits et de curieux signes. Cette si belle écriture emplissait les pages jaunies des précieux ouvrages qu'elle seule savait décoder. Par moments elle les retournait tout en continuant d'aller et venir sur les touches noires et blanches.

Pour Noël, nous allions choisir un grand sapin touffu et odorant. Il sentait bon la sève. Son sommet dépassait les poutres, je n'en voyais pas le sommet. Papa l'installait avec soin sur du papier de roche. Ma sœur et moi choisissions l'étoile qui ornerait la dernière branche. Maman déposait avec minutie de légères guirlandes argetées, parant l'arbre de colliers étincelants.

Ce n'est qu'ensuite que nous accrochions de petite figurines en bois et en terre cuite, ainsi que les boules de verre rouges et blanches comme la neige. Je me sentais heureuse, appliquée à ma tache, enjouée et impatiente de découvrir les cadeaux sous l'arbre de Noël. Nous préparions la crèche de bois et de mousse, sur une table basse translucide. Toute la maison était ensuite décorée, avec des branches de sapin, de petits pères Noël, d'anges dorés et de bougies.

A l'approche de cette fête que j'affectionnais tout particulièrement, nous passions des après midi entiers à confectionner des petits gâteaux. A l'aide de petits moules métalliques de diverses formes, nous préparions des fournées entières. Le parfum était si alléchant que je ne pouvais m'empêcher de manger les premiers biscuits sortis du four, quitte à me brûler le palais. Toujours au grenier, papa descendait attiré par l'odeur gourmande, et venait nous rejoindre pour les déguster. Les soirs, en guise de dîner, nous en mangions accompagnés de chocolat chaud.

Il était bon d'être à la maison à l'ambiance si chaleureuse, tandis que dehors le froid régnait. J'aimais le froid, et la nuit qui tombait si tôt. Je m'emmitouflais dans de gros pulls en laine, et entourais mon cou d'une écharpe bien épaisse. C'est vêtue de la sorte que j'accompagnais ma mère au petit marché de Noël du village. Dans la nuit noire, les rues brillaient de mille feux. Les chants traditionnels couvraient le bruit citadin, et le parfum du vin chaud et des gaufres titillait mes narines. Les gens semblaient heureux, mon cœur était en joie.

Burn out

Je marchais perdue dans mes pensées, seule face à de multiples interrogations, face au seul être qui me fait peur, moi même.

Mon esprit et mon corps fragilisés se sont brutalement, violemment écroulés à la face du monde. Je me suis sentie si faible si fatiguée, mes membres mon cœur ont lâché prise et je me suis effondrée. Telle morte, une journée entière je suis restée endormie. Ce n'est pas le baiser d'une grenouille qui m'a éveillée.....Mais ma ténacité, mon envie de vivre, cette force qui depuis toujours m'habite.

Réveillée dans un univers familier, me voilà mêlée à des êtres absents, dont on tue l''ame à coup de médicaments. A nouveau ce blanc et cette odeur de désinfectant.

Qui suis je où suis je ? Questionnements bien connus de mon existence. Mais oui me revoilà parmi les fous,de mon plein gré...car je m'y reconnais. Sauf que mon esprit à moi est trop présent et analyse le personnel « qualifié », effrayant d'inhumanité. Un infirmier en particulier, gros, gras et rouge, probablement frustré par son physique et sa méchanceté, humiliait les patients avec cette lueur de satisfaction dans ses yeux d'abruti.

Cette révolte qui depuis toujours m'a animée, a fait de moi une « malade » aux yeux de mes parents. Ces gens qualifiés, enfermés dans une définition aléatoire de ce qu'est la folie sont humains, ils souffrent et connaissent la vie mieux que quiconque, mieux que ces médecins arrogants incultes et méprisants. Ils n'ont jamais manqué de rien, ne savent pas et ne peuvent pas comprendre nos souffrances. Il en existe mais Dieu sait qu'ils sont rares.

Et parmi ces êtres absents, j'ai rencontré Vincent. Intelligent, cultivé, assoiffé de savoir et curieux. Il était invisible la plupart du temps, reclus dans sa chambre comme pour échapper à la folie environnante, à laquelle il n'appartenait pas. Sans cesse perdu dans ses pensées, il se protégeait. Bien plus cultivé et intelligent que la plupart des gens dits « normaux » il luttait pour vivre, comme moi. Qu'est ce que la normalité d'ailleurs ? Une case définie par l'être humain pour se rassurer. L'inconnu, la différence fait toujours peur.

Qui peut jouir d'une simple promenade en forêt, s'enivrer du parfum de la terre du printemps, sentir son cœur palpiter à la vue d'une jeune biche, ou se laisser porter par le chant des oiseaux. Observer les couleurs, les troncs et les branches s'entremêlant dans une danse sans fin. J'ai partagé le bonheur que procure cette nature, courant à perdre haleine au travers des roseaux, des bourgeons naissants, me laisser choir sur le sol et admirer les nuages. Les rayons du soleil caressent mon visage, le vent m' embrasse tendrement.

Oui je veux courir courir à perdre haleine, plonger dans les fougères, enjamber les troncs d'arbres, patauger dans les ruisseaux.

J'aime sortir des sentiers battus, aller vers l'inconnu. Sous la lumière rasante, se déversant entre le feuillage, courir courir et courir rire sourire, pour enfin m'asseoir.....ne plus bouger, observer. J'ai vu un lièvre manger à mes côtés, un écureuil me frôler, un renard m'approcher puis s'en aller....

La vie est si belle , et nos douleurs ne font qu'en renforcer la splendeur. Oui après avoir perdu des êtres chers, ayant survécu, nous nous devons de vivre, ressentir. C'est si beau, si simple et si pur. Il n'y a que l'humain pour négliger cela...si cupide avide, égoïste, stupide....Soyons artistes.

L'étreinte

Lorsque tes yeux se plongent dans les miens, je me sens vivre, exister.

Quand tu me prends dans tes bras et que j'enfouis mon visage au creux de ta nuque, ton odeur m'enivre et j'oublie tout, le monde n'existe plus.

Nus, l'un contre l'autre, sans tabou, sans gêne, peau contre peau, enlacés, emmêlés.

Juste ton parfum, la douceur de ta peau et de tes caresses. On s'évade, plus rien ne compte mis à part le fait d'être ensemble, en parfaite union, fusion.

Nos cœurs battent à l'unisson, nous ne faisons plus qu'un. C'est comme si je plongeais toute entière en toi, m'abandonnant à ton être que j'aime tant.

La peur, l'angoisse me quittent, contre toi je suis sereine. Il n'y a plus que le désir et l'amour qui coulent dans mes veines.

Nos jambes s'entrecroisent, nos bras tentent de rapprocher nos corps toujours plus, nos mains parcourent les courbes de cette enveloppe charnelle qui à ce moment précis semble si légère, presque absente tant les sentiments sont puissants.

Je m'abandonne à toi, je m'offre à toi, lorsque tu es en moi ce vide qui me ronge tant depuis des années se comble....c'est éphémère mais si merveilleux.

Je voudrais rester blottie contre toi bercée par ta respiration, apaisée par le doux parfum de ta peau. Retarder l'instant où la réalité refera surface avec son lot de douleurs.

JE T AIME

Brouillard

Il fait encore nuit
Je me lève, semi sommeil, encore en veille.
J' ouvre les volets, doucement l'extérieur se révèle
Tout est blanc, le sapin qui me fait face est fantôme
Brouillard tu embrasses chacune de ses épines, l'enveloppant l'embrassant
Ses branches pointues, qui au printemps griffent, égratignent
Cet arbre si fier résistant à l'hiver, n'est plus rien qu'une ombre
Qui ne peut lutter contre ta beauté, ta souveraineté.
Brume si pure tu enveloppes chaque recoin de son être
Acéré en été, voile blanc tu le rends vulnérable, t'insinuant, ondulant
Douce caresse faisant de ses lames un coton invisible
Mon ame se perds en toi, Prends moi je veux disparaître, plonger en toi
Voile blanc si tendre et si froid, enlace moi emporte moi efface moi

L' air qui me transporte

Pensez à un air de musique qui vous transporte (géographiquement, temporellement, émotionellement)

Commencez par "Je t'écris de..." et adressez un message

Je t'écris depuis mon enfance, avant que tout ne commence.

Je t'écris parceque là je m'y réfugie et que je t'y vois, tu es avec moi. Dehors il fait déjà sombre et froid, mais dans cet immense grenier aménagé, il fait si bon.

Je t'écris parceque tu me manques, et même vue d'ici tu es déjà partie.

Les yeux mi clos, tes mains dansent sur le piano à queue, avec violence et douceur, faisant jaillir la mélancolique musique de Chopin.

Tu la fais tienne, nôtre.

Je me laisse partir avec toi, hypnotisée par ta beauté à ce moment là. Subjuguée par celle que tu es.

Je sens le parfum du bois brûlé dans la cheminée, la délicate chaleur de son feu. Enveloppée, lovée, bercée par les innocentes flammes et la musique que tu vis.

Les ombres des poutres vont et viennent, les livres partout autour prennent vie, et dansent, avec mon esprit.

Je t'écris d'ici, vois tu, car c'est tout ce qui me reste de toi. Là nous sommes réunies, en paix dans un lointain passé.

Où es tu aujourd'hui? Pourquoi n'es tu plus là? Que s'est il passé?

Viens me rejoindre de temps en temps me rejouer Chopin, c'est si loin, mais dans mon coeur au sein de tous ces pleurs, c'est ce souvenir qui me tient la main.

Sache que de là où je suis,

Je t'aime.

L'échiquier

Sur mon chemin, j'ai un jour glissé sur une forme d'immense et somptueux échiquier constitué d'une fine pâte vitreuse.

J'y ai vu avec hargne mon navrant reflet perdu entre deux âges.

Envoutée par cette ignoble image, je n'ai pas tiqué lorsqu'un mignon petit ragondin s'est approché.

Il s'est brusquement mit à s'égosiller que je devais me lever au lieu de m'apitoyer.

Ce fut concis, j'étais abasourdie.

Motivée par la menace de ce petit être osé, je me levai avec hâte pour le semer.

J'ai quitté ce maudit échiquier et rejoint mon chemin sans me retourner, encore un peu sonnée.

"Susie devant la maison" (tableau de John Ward)

Susie déteste poser pour son père. Mais elle sait qu'en acceptant, ne serait ce qu'une heure, ils seront ensemble.

Alors elle l'écoute, pose comme il le lui dicte, en divaguant.

- Ici ce sera parfait! assieds toi au centre du banc et regarde vers la lumière.

Susie plisse les yeux, son chapeau de paille ocre au foulard bleu ombrage son visage.

- Formidable ce bleu: il fait écho à la théière. Il y a trop de vert! les pommes la pelouse les feuilles! trop de blanc également. Le banc, la table, la porte et ta tenue! ah mais si c'est bien comme ça! une ligne verticale centrale ; toi et la porte. Une horizontale centrale, le banc. Trop de lumière, trop de vert. Attends! ne bouge pas!......

Susie sourie intérieurement, quelle joie de voir son père si vivant....il continue.

- Les ombres et quelques feuillages, je les ferai dans des tons bleutés. J'intensifierai le jaune des fleurs. Oh! juste à droite.....ne bouge pas! deux points rouges! merveilleux!

Susie ne bouge pas et se laisse bercer par la chaleur et le son de la voix de son père.

Elle ne peut pourtant s'empêcher de songer à l'intérieur, pourquoi son père aime tant peindre à la lumière crue du soleil alors que la plupart du temps il l'évite. Les volets sont toujours fermésdedans, la porte aussi, il y fait si sombre. Seules de petites lampes pour certaines vacillantes sont allumées. Elle laisse toutefois la fenêtre de la cuisine entrouverte, pour le chat. Mais c'est tout. Là elle est au premier plan, pour une fois, et point central de la lumière et du tableau. Mais qu'est elle dans l'atmosphère sombre de l'intérieur? Son père l'oublie t elle? pourquoi se mure t il dans le silence une fois tout verrouillé?

Alors elle savoure l'instant, elle se sent bien au dehors comme en dedans.

L'enfant

Il est assis là haut et il observe, curieux et intrigué.

Là en bas aussi, comme chez lui, il y a plein de couleurs, mais surtout du bleu, et beaucoup de gris.

L'enfant se dit qu'il faudrait quelques touches de rouge et de violet, de jaune et de doré.

Il voit plein de gens marcher vite, dans tous les sens. C'est étrange, leurs visages gris.

L'enfant se dit qu'il faudrait ralentir le temps, pour ne pas trop les essouffler. Qu'il faudrait que ces gens se rassemblent pour aller dans la même direction. Tiens, quand même certains sourient, s'arrêtent et se font face, puis ils rient, mais pas beaucoup.

L'enfant se dit que ce n'est pas si triste, les visages gris deviennent roses et le temps fait une pause.

Il n'y a pas beaucoup de vert comme chez lui, mais quand même un peu.

L'enfant se dit que c'est sa couleur préférée, et que s'il vivait là bas, ça lui manquerait. Il en faudrait davantage, ça irait bien avec le bleu, le gris, le rouge, le violet le jaune et le doré.

C'est fou comme tout va vite là en bas, l'enfant se dit qi'il en a le tourni, et qu'il est bien ici chez lui

Murs

Sur les murs de la chambre blanche, j'écris le mot isolement, et au delà j'y vois le vaste parc plein de verdure. J'y vois au fond la chaine des Pyrénées dont les sommets sont blanchis par la neige éternelle. J'y vois un magnifique ciel bleu et le sourire, les regards de mes camarades dehors.

Sur le mur de briques rouges du jardin de mes parents, j'écris le mot souvenirs, et au delà j'y vois un grand potager, dans lequel une petite fille aux joues rosées et aux boucles blondes sautille. J'y vois de belles tomates rouges tiédies par le soleil, les fleurs de courgette au jaune flamboyant. J'y vois le bonheur et la liberté.

Sur le mur que j'aimerais construire, j"écris le mot angoisse, et au delàj'y vois ce dont il pourrait me protéger. J'y vois un corps tendu, tordu, malade de souffrance. J'y vois la solitude, le vide la peur absolue, la perte de contre la folie. J'y vois le coeur de ce corps sans vie cogner comme s'il voulait s'enfuir. J'y vois la sueur, les tremblements les vomissements. J'y vois des yeux exorbités, terrorisés.

J'y vois tout ce que je ne veux plus voir.

Saisons

Hiver

J'écris le mot épuré, et je contemple le paysage, vaste tapis de blanc dont émergent des troncs noirs et nus. J'écris le mot épuré, et je ressens de la légèreté, une forme de liberté, quelque chose d'agréable et de tranquille.

Printemps

J'écris le mot pastel, et j'entrevois de très doux camaieus de roses et de verts. J'écris le mot pastel et je perçois de la retenue, presque de la timidité. Une sorte d'effacement, légèrement brumeux.

Eté

J'écris le mot irritation car la chaleur m'insupporte, elle brûle mes nerfs et écrase mon corps lourd et plein de sueur. J'écris le mot irritation car je hais le bruit, l'éblouissement, les insomnies, la foule et les cris.

Automne

J'écris le mot crissement, et j'entends le bois mort craquer sous mes pas. Je devine le chant des feuilles que le vent emporte, et le bruissement des animaux qui s'enfuient.

Texte à quatre mains, *John* et Jeanne

J'ai d'abord remarqué que

Là bas le soleil brille plus. Ses rayons caressent mon visage d'une douce chaleur. Le ciel est plus bleu, tout est plus beau. Les couleurs pétillent, excitant mes pupilles.

Je veux rester là bas pour ne plus souffrir.

Là bas *les oiseaux chantent paisiblement,* car ils n'ont pas peur des gens, de la circulation, de la civilisation. C'est une mélodie qui berce mon coeur, calme ses tourments.

Je ne vis que l'instant présent.

Là bas *les enfants crient leur joie en jouant,* naivement, comme devraient pouvoir le faire chaque enfant. Cette joie exprimée se mêle au chant serein des oiseaux, créant une symphonie extraordinaire.

Je veux rester là bas pour ne plus avoir mal.

Là bas *je regarde les fourmis qui dansent sur le reste du pain* savouré dans l'herbe au déjeuner. Elles m'offrent un véritable ballet, rythmé par la symphonie des rires et des pépiements.

Comme elles, je ne vis qu'au présent.

Là bas, *la tête posée sur l'herbe en regardant les nuages qui passent rapidement,* je ne pense à rien. Je laisse mon esprit libre les suivre les uns après les autres, imaginant des formes, créant des histoires.

Je veux rester là bas, car j'y suis bien.

Là bas, *les fleurs dansent dans le petit courant d'air.* Elles dansent comme les enfants rient, comme les oiseaux sifflent, comme les fourmis gambadent, comme les nuages qui filent.

Comme ces fleurs, ces enfants ces oiseaux ces fourmis et ces nuages, je vis au présent, là maintenant.

LE livre parle....

Tu ne te souviens même plus ni de mon titre ni de celui qui m'a écrit. Juste que ma couverture était un arbre perdu dans le brouillard, dans un camaieu de rouges.

Pourtant je t'ai accompagnée huit mois durant, avec parfois de longues séparations. Tu m'as maltraité, pour qu'une fois que l'on nous ait séparés, quelques unes de mes pages restent cachées avec toi.

Et puis tu étais si heureuse lorsque nous étions ensemble que même mon histoire tu as effacé de ta mémoire.

Mais tu me voulais à tout prix, alors j'ai compris et je t'ai pardonnée. Car tu m'as arraché des pages, rangées sous un matelas de mousse verte, qui bien sûr furent découvertent. Ou pire, dans tes sous vêtements, ce n'était vraiment pas charmant. Encore une fois je comprends.

Même si aujourd'hui je suis en charpie au fond d'un carton, je sais que tu m'aimes. Que grâce à toi j'ai été bien plus qu'un simple ouvrage, dont on a arraché les pages.

Dans ton âme je suis entier, et je sais que grâce à moi tu as pu lentement regagner ta liberté.

Estelle et Jeanne

La terre sent la pluie, la mousse sur les troncs d'arbres est gorgée d'humidité.

J'ai d'abord remarqué cette cascade imbriquée dans la végétation luxuriante. Les chênes si forts s'élèvent et à leur sommet, le vent fait danser les branches et chanter les feuilles, des gouttes d'eau chatouillent mon visage. *Cette eau si pure dilue mes larmes.*

Tout est vert et ocre, seules quelques flaques sont grises, comme les nuages qui chargent le ciel. La végétation bruisse, l'eau coule, les grenouilles coassent. *Il fait nuit et cela change tout.* Il n'y a ni sentier ni chemin à suivre. *Ne reste qu'à errer sans but jusqu'au matin, au levé du soleil.*

Un magnifique tronc, majestueux, tortueux, trône au bord du fleuve. *Le roi n'est pas là, il dort. Ses rêves de voyage l'emmènent vers la mer.*

Là, les algues chevelure de nymphes sont portées par le courant. *Le peuple des bois entraîné par le roi a préféré s'en aller et se fondre dans l'océan.*

La forêt pleure.

L'oiseau noir

« Le mouvement » Jacques Evrard, Amsterdam

Il faut toujours que de la tête au cœur, l'itinéraire soit direct, dit on. Sauf que là où se trouve l'oiseau noir, l'itinéraire que son cœur désire prendre est bien plus complexe.

Il en a assez de cette symétrie et ces oppositions. Il est noir, immobile sur un fil, horizontal et fixe. Il veut rejoindre ses comparses blancs dans leur envol diagonal.

Un homme à la verticale relie sa cage à celle qu'il aimerait atteindre. Mais il ne peut bouger. Il aimerait se fondre dans cet espace plein de rythme, de de régularité et d'inachèvement.

Deux et deux, trois, un, trois.

Passer de dedans à dehors, de l'irréel au réel. Hélas il a bien conscience que sa tête tout comme son cœur n'existent pas, que sa vie fictive ne connaît ni itinéraire ni direction.

Printed by Books on Demand GmbH, Norderstedt / Germany